cómo redactar monografías

Técnicas y recursos

MAGDALENA PORRO

longseller

Cómo redactar monografías
© Longseller, 2003

EDICIÓN DE LA COLECCIÓN: Juan Carlos Kreimer y Nerio Tello
DISEÑO DE TAPA: ESTUDIO TANGO

DIVISIÓN ARTE LONGSELLER
DIRECCIÓN DE ARTE: Adriana Llano
COORDINACIÓN GENERAL: Marcela Rossi
DISEÑO: Javier Saboredo / Diego Schtutman
DIAGRAMACIÓN: Santiago Causa / Mariela Camodeca
CORRECCIÓN: Cristina Cambareri

Longseller S.A.
Casa matriz: Avda. San Juan 777
(C1147AAF) Buenos Aires
República Argentina
Internet: www.longseller.com.ar
E-mail: ventas@longseller.com.ar

378.242	Porro, Magdalena
POR	Cómo redactar monografías.- 1ª ed.- Buenos Aires: Longseller, 2003
	96 p.; 20x13 cm. (Guías prácticas)
	ISBN 987-550-309-6
	I. Título-1. Monografías - Método y Técnica

Queda hecho el depósito que marca la ley 11.723

Impreso y hecho en la Argentina.
Printed in Argentina.

Ninguna parte de esta publicación, incluido el diseño de la tapa,
puede ser reproducida, almacenada o transmitida de manera alguna
ni por ningún medio, ya sea electrónico, químico, mecánico,
óptico, de grabación o de fotocopia, sin permiso previo del editor.

Esta edición de 3000 ejemplares se terminó de imprimir en los talleres
de Longseller, en Buenos Aires, República Argentina, en junio de 2003.

ÍNDICE

Introducción
7 **La redacción académica**

Parte 1 / Monografías

Capítulo 1
9 **Los primeros pasos.**
9 Qué es una monografía
10 Tipos de monografías
11 Actividades previas
12 Elección del tema
13 Algunos ejemplos

Capítulo 2
14 **Búsqueda de información**
14 Fuentes de información
15 Estrategia de búsqueda
16 Fuentes digitales
16 Valor de la fuente
17 El uso de Internet
18 Dónde buscar
19 Algunos sitios
20 Portales temáticos
21 Material de referencia
22 Método de búsqueda

Capítulo 3
23 **Evaluación y registro de las fuentes**
23 Evaluación de las fuentes
25 Registro de la información
28 Primera lectura
29 Segunda lectura
30 Evaluar la información

Capítulo 4
31 **Diseño**
31 Formular la hipótesis y la tesis
32 Tipos de tesis
33 Bosquejo de la monografía
34 Estructura
35 Principios lógicos del plan de trabajo

Capítulo 5
36 **Etapas de redacción**
36 El lector de la monografía
37 Título
38 Índice
39 Introducción
40 Cuerpo
41 Fuentes de referencia
42 Opciones para incluir las fuentes
43 Formas de citar
45 Conclusiones
46 Bibliografía

Parte 2 / Artículo científico

Capítulo 6
47 **La redacción científica**
47 Qué es un artículo científico
48 Tipos de publicaciones
49 Escritura científica
50 Organización
51 Macroestructura

Capítulo 7
52 **Las distintas secciones**
52 Título. Especificidad
56 Autores
57 Introducción
59 Materiales
60 Métodos
63 Resultados
65 Discusión
68 Resumen
70 Agradecimientos
71 Referencias

Parte 3 / Pautas para la elaboración de monografías y artículos científicos

Capítulo 8
72 **Elementos de la redacción**
72 Abreviaturas
74 Números

75 Persona
76 Tiempos verbales
77 Cuestiones varias

Capítulo 9
78 **Material gráfico**
78 Cuadros
79 Gráficos
81 Cuadros y gráficos. Estilo
82 Fotografías

Capítulo 10
83 **Documentación de las fuentes**
83 Estilos de documentación
84 Sistema de orden de mención
86 Sistema de nombre y año para CBE
88 Sistema de nombre y año para APA
89 Sistema de nombre y página
90 Sistema de notas
92 Sitios de referencia

Capítulo 11
93 **Corrección y Presentación**
93 Corrección
94 Segunda Corrección
95 Presentación general

INTRODUCCIÓN
La redacción académica

La etapa de educación superior, tanto secundaria como universitaria, enfrenta a los estudiantes con la necesidad de redactar distintos tipos de textos como requisito para la acreditación del cursado de las materias o de la carrera elegida.

Estas formas de producción intelectual, denominadas en su conjunto géneros académicos, están muy alejadas del tipo de redacción con la que los alumnos suelen estar familiarizados. No son formas libres, sino que se ajustan a normas estrictas de elaboración que el estudiante debe conocer para lograr que su trabajo sea aceptado.

Los géneros académicos incluyen formas escritas y orales. Entre las primeras, las más frecuentes son la monografía, la tesis y el artículo científico; en tanto que entre las segundas están las presentaciones en congresos, los exámenes o las conferencias.

Cualquiera sea la forma elegida, cuando un alumno maneja las convenciones de los géneros académicos, demuestra tener capacidad para:

- Delimitar un tema de estudio.
- Realizar búsquedas bibliográficas.
- Vincular las ideas de distintos autores.
- Plantear ideas propias.
- Comunicar los resultados de su investigación, siguiendo las normas de cada disciplina.
- Utilizar el lenguaje científico con precisión.

Con frecuencia, los estudiantes reciben la consigna de un docente acerca del tema sobre el cual tienen que investigar, pero no siempre conocen la metodología para desarrollar el trabajo. Les resulta difícil organizar las distintas tareas que deben llevar a cabo, y no cuentan con las herramientas apropiadas para ordenar las ideas y expresarlas claramente.

Conociendo esta problemática, el objetivo de este libro es servir como guía para enfrentar la redacción de dos de los géneros académicos más frecuentes: una monografía y un artículo científico. Paso a paso, se brindan las principales herramientas para la recopilación efectiva de material bibliográfico, la lectura de las fuentes, la organización de las distintas secciones y las pautas básicas de redacción que permitirán producir trabajos profesionales.

PARTE 1: MONOGRAFÍAS

CAPÍTULO 1
Los primeros pasos

Qué es una monografía

Una monografía es un trabajo de investigación bibliográfica referido a un tema específico. Es un tipo de texto que, de manera cotidiana, se exige en los colegios y las universidades para acreditar una asignatura. Las principales etapas en que se divide el trabajo son:

- Selección y restricción del tema.
- Selección de la información.
- Análisis de la información.
- Elaboración de conclusiones personales.
- Redacción del informe.

Importante

Por lo tanto, una monografía no es una simple recopilación de datos, sino un estudio:
- monotemático: sobre un tema particular;
- sistemático: el objeto de estudio define los temas que deberán tratarse;
- totalizador: implica hacer un examen intensivo de una materia circunscripta.

Tipos de monografías

Las monografías pueden ser, básicamente, de dos tipos:
- **De recopilación bibliográfica:** se nutren del pensamiento de otras personas. Su calidad depende de las fuentes seleccionadas, de la habilidad con que se sistematizan y jerarquizan las ideas de otros autores, y de la forma en que "dialogan" o "polemizan" los textos consultados.
- **De investigación práctica:** el trabajo consiste en reunir datos que otorguen validez a la interpretación que se desea sustentar, mostrar su significación y establecer relaciones entre ellos.

Aunque en general las monografías versan sobre un tema que ya investigaron otras personas, la **originalidad** está dada por el **enfoque** y el **sentido particular** que le otorgue cada uno. Además, por las **conclusiones** a las que se arribe y la **habilidad** para comunicar los resultados.

Actividades previas

Antes de iniciar una monografía, es conveniente realizar una actividad fundamental: **planificar** el tiempo con el objetivo de entregar el trabajo en la fecha estipulada.

Teniendo en cuenta la fecha de entrega, dividir el tiempo para cubrir las siguientes tareas:

- Elección del tema.
- Elaboración de un bosquejo de los tópicos a tratar.
- Búsqueda de fuentes bibliográficas.
- Lectura y análisis de la información obtenida.
- Selección del material relevante.
- Redacción del trabajo.
- Corrección.
- Redacción final.

Este esquema permite tener una visión global de todas las actividades a desarrollar.

> **Nota**
>
> De este modo, se puede **equilibrar** el tiempo destinado a cada una, para evitar las urgencias que atentan contra la calidad del trabajo final.

Elección del tema

El tema de una monografía puede estar asignado por el docente o quedar a elección del alumno. En este último caso, es conveniente tener en cuenta los siguientes aspectos:

- Elegir un tema de interés dentro del programa, o sobre el que se quiera investigar. Realizar un listado de temas y comentar con el docente para determinar la relevancia de cada uno.

> **Consejos**
> Comentar el tema elegido con el docente para ver si es factible desarrollarlo.

- Partiendo del tema general, hacer un esquema con las ramificaciones que puede tener, y elegir una de ellas. Plantear una serie de preguntas en torno a ese subtema. **La monografía tratará de responder a alguno de esos interrogantes.**

El objetivo de este procedimiento es llegar a un tema lo suficientemente acotado para que el desarrollo del trabajo siga una línea específica y no se divida en innumerables tópicos (subtemas).

Algunos ejemplos

Éstos son algunos ejemplos en los que se pasa de un tema general a otros más específicos que conducirán a la elección final:

- **Tema general:** ambiente.
- **Subtemas:** agua, suelo, contaminantes.
- **Preguntas:** ¿Qué actividades humanas dañan el ambiente acuático? ¿Cómo se pueden modificar? ¿Qué contaminantes se vierten en los ríos?
- **Tema de trabajo:** efecto de los plaguicidas sobre las comunidades acuáticas.

Otro ejemplo:

- **Tema general:** literatura.
- **Subtemas:** géneros literarios, principales movimientos, literatura argentina.
- **Preguntas:** ¿Qué movimientos literarios se desarrollaron en el país? ¿Qué elementos fueron de aporte netamente nacional?
- **Tema del trabajo:** Florida y Boedo, su influencia en las letras argentinas.

Nota

El planteo de preguntas permite ir acotando el campo de estudio, con el fin de evitar digresiones al desarrollar el tema.

CAPÍTULO 2
Búsqueda de información

Fuentes de información

Tanto en la etapa de selección del tema como en la de recopilación de información, las fuentes de información constituyen la materia prima para elaborar el trabajo monográfico.

El estudiante puede recurrir a distintas fuentes:

- **Obras de referencia generales** (enciclopedias, diccionarios y manuales): brindan un panorama abarcativo de un tema, de los subtemas en los que se divide y referencias bibliográficas.
- **Obras de referencia especializadas:** están centradas en determinadas áreas del conocimiento. Por ejemplo, enciclopedias temáticas, *abstracts* (resúmenes de libros y trabajos de investigación) e índices.
- **Publicaciones periódicas:** revistas académicas y profesionales. Existen índices de publicaciones periódicas y catálogos que indican en qué biblioteca está la revista que se busca.

> **Importante**
>
> Es importante familiarizarse con la biblioteca del colegio o la universidad con el fin de estar al tanto de los materiales con los que cuenta y de los servicios que ofrece.

Estrategia de búsqueda

Antes de buscar el material de referencia, es preciso establecer claramente qué se quiere buscar:

- Pensar en **palabras clave** que definan el tema de investigación.
- **Plantear** lo que se desea investigar como una pregunta: "quiero saber...".
- **Limitar las fechas** de publicación del material: si se quiere estudiar el efecto del consumo de drogas sobre el sistema nervioso, una fuente publicada en 1970 no tendrá datos sobre productos que se conocen en la actualidad.
- **Consultar** con el docente o el bibliotecario cuáles son las publicaciones específicas sobre el tema.

La definición de estos aspectos permite diseñar una estrategia de búsqueda tendiente a aprovechar los recursos y el tiempo disponibles.

Fuentes digitales

Hasta hace unos años, las únicas fuentes bibliográficas de las que se disponía estaban en papel. Pero con el avance de la tecnología, en la actualidad se dispone de otros medios:

- **CD-ROMs:** varias enciclopedias, atlas y diccionarios se presentan en este formato, que facilita la búsqueda de información y su traslado al archivo en el que se está elaborando la monografía.
- **Internet:** incluye tal cantidad de información que es preciso saber utilizar los medios de búsqueda para que la tarea no se vuelva frustrante.

Valor de la fuente

Hay que tener presente que en el ámbito académico **no todas las fuentes tienen el mismo valor.**

Los libros y las revistas tradicionales siguen siendo considerados como fuentes de mayor prestigio, ya que están respaldados por una editorial, su existencia se puede verificar fácilmente y pueden consultarse en bibliotecas.

El uso de Internet

Internet es una buena fuente para hallar material de actualidad, que todavía no fue impreso. Por ejemplo, ¿cuál es la tasa anual de interés?, ¿cuáles son los libros de mayor venta?, ¿qué especies se incorporaron recientemente a la lista de especies en peligro de extinción? Algunas de las fuentes disponibles son:

- **Servicios de noticias** electrónico.
- **Sitios** de organizaciones gubernamentales y no gubernamentales.
- **Periódicos y revistas** en línea.
- Contacto con investigadores a través del **correo electrónico**.
- **Listas de discusión** o grupos de noticias sobre un tema determinado.

— *Importante* —
Dado que existe gran cantidad de información y que cualquiera puede publicar en Internet, hay que aprender a evaluar el material para determinar la **confiabilidad de la fuente**.

Dónde buscar

La búsqueda por Internet requiere paciencia, y exige aproximaciones sucesivas para llegar al material. Existen diferentes formas de localizar información en Internet:

- **Buscadores:** recorren todos los sitios en los que aparece una palabra o grupo de **palabras clave** buscadas. No se trata necesariamente de sitios que traten sobre ese tema, sino de aquellos en los que se menciona esa palabra.
- **Directorios:** organiza los sitios en forma temática y jerárquica, como si fuera un índice por categorías. La búsqueda se realiza navegando por las categorías.
- **Portales temáticos:** son similares a los directorios, pero se restringen a un tema específico, como literatura, salud, etc.

Consejos

Cada **método de búsqueda** presenta sus ventajas y desventajas, por lo que es aconsejable probar con los tres para ver cuál se adapta mejor al tema sobre el que se trabaja.

Algunos sitios

Para que un sitio aparezca en los buscadores y directorios, tiene que haber sido **indexado**. Esto significa que el creador de un sitio debe enviarlo a los buscadores para que éstos lo incluyan en sus bases de datos. Por eso es importante no trabajar con un solo buscador, porque los resultados pueden ser diferentes:

- **Buscadores:** www.altavista.com, www.google.com, www.lycos.com, www.hotbot.com
- **Directorios:** www.yahoo.com
- **Metabuscadores o buscadores de buscadores:** www.metacrawler.com
- Para temas de actualidad, conviene recurrir a los **buscadores de los periódicos más importantes,** como *Clarín* (www.clarin.com) o *La Nación* (www.lanacion.com).

Algunos sitios trabajan como buscadores y directorios al mismo tiempo, de modo que resultan una alternativa interesante. En general, los buscadores y directorios más importantes tienen filiales en distintos países.

Portales temáticos

> **Importante**
>
> Conocer el **área temática** de la información que se necesita suele ser muy útil para buscar directamente en estos portales.

Los portales temáticos son sitios dedicados a reunir información sobre un tema determinado:

- **Cine:** The Internet Movie Database (www.imdb.com)
- **Biografías:** (www.biography.com)
- **Leyes y asuntos jurídicos:** Información sobre el mundo del derecho (www.justiniano.com)
- **Literatura argentina:** (www.literatura.org)
- **Salud y medicina:** (www.salutia.com)
- **Educación:** Nueva Alejandría, información educativa para estudiantes (www.nalejandria.com)
- **Contenidos.com:** (www.contenidos.com)
- **Periodismo:** (www.periodismo.com) buscador de medios
- **Ciencias naturales:** (golgi.harvard.edu/htbin/biopages)

Material de referencia

Diccionarios y enciclopedias son referencias esenciales para iniciar un trabajo monográfico. Internet cuenta con versiones digitales de varias de las obras en papel, y también con versiones exclusivas para consultar en línea:

- **Enciclopedias:**
  Encyclopaedia Britannica (www.britanica.com),
  Encarta (www.msn.encarta.com),
  Enciclopedia.com (www.enciclopedias.com).
- **Diccionarios:**
  Diccionario general de la lengua española (www.vox.es/VOXgl.htm),
  Diccionario Webster's de inglés (www.m-w.com),
  A Web of Online Dictionaries
  (www.facstaff.bucknell.edu/rbeard/diction.html)
- **Traductores:** Eurodic Autom
  (www2.echo.lu/edic)

Muchas de estas obras pueden ser el punto de partida para ver de qué se trata un tema determinado y evaluar qué aspectos cubre.

Método de búsqueda

La búsqueda de información en Internet no debe convertirse en un proceso tedioso que no conduzca a ningún resultado o a miles de ellos. Por eso es preciso saber qué opciones ofrece.

- **Búsqueda por palabras clave:** se ingresan términos que definen el tema.
- **Búsqueda de frases:** las frases exactas se escriben entre comillas.
- **Operadores de inclusión y exclusión:** permiten indicar que ciertas palabras deben estar presentes o no en la búsqueda. Por ejemplo, si se busca información sobre el péndulo de Foucault, pero no sobre el libro del mismo nombre que escribió Umberto Eco, la búsqueda podría ser: "péndulo de foucault" –"Umberto Eco".
- **Idioma de las páginas.**
- **Fecha a la que se quiere acotar la búsqueda.**

Los buscadores suelen tener una sección de búsqueda avanzada, en donde se encuentran todos los parámetros que es posible usar y una explicación acerca de cómo acotar el proceso.

CAPÍTULO 3
Evaluación y registro de las fuentes

Evaluación de las fuentes

Una vez localizado el material bibliográfico, es necesario estimar su pertinencia y confiabilidad, teniendo en cuenta, en primera instancia, los siguientes aspectos:

- **Actualización:** tanto la fuente como las referencias que en ella se mencionan deben estar actualizadas para que incluyan material más reciente.
- **Antecedentes del autor:** debe ser una persona reconocida dentro del área de estudio.
- **Nivel de la editorial que publicó la obra:** algunas editoriales se especializan en la publicación de libros sobre campos específicos de la ciencia.
- **Documentación:** la fuente debe estar bien documentada, lo cual puede verificarse consultando la bibliografía.

Todos estos datos pueden evaluarse antes de empezar a leer el texto, con lo cual ya podrán descartarse algunos materiales que no cumplan con estos requisitos.

> **Nota**
>
> **Pertinencia:** cualidad de un material que lo hace apropiado para ser utilizado en el trabajo monográfico, porque se refiere al tema en cuestión.
>
> **Confiabilidad:** seguridad de que un material describe o refiere las cosas sin alterarlas.

Un mismo tema puede ser tratado desde distintos puntos de vista, dependiendo de la postura del autor o la institución que genera la información. Por lo tanto, otros aspectos a tener en cuenta al leer una fuente son:

- **Tendencia de la publicación,** sobre todo de diarios, revistas o sitios web. Por ejemplo, la información sobre una perforación petrolera en un refugio de vida salvaje publicada en el sitio web de la compañía de combustibles puede ser tendenciosa. También lo será la información que publique un sitio conservacionista.
- **Perspectiva equilibrada** de los distintos enfoques de temas controvertidos. Por ejemplo, la información sobre una terapia farmacológica para curar el sida brindada por una compañía farmacéutica será más interesada que la de un Instituto Nacional de Salud.

Registro de la información

Cada vez que se consulta una fuente bibliográfica, es conveniente registrar todos los datos que identifican a la obra. Para hacerlo, se suelen utilizar **dos modelos de fichas:** de fuentes y de notas.

Fichas de fuentes

Las **fichas de fuentes** incluyen, básicamente:
- Autor
- Título de la obra
- Lugar de edición
- Editorial
- Año
- Signatura (ubicación de la obra en la biblioteca)
- Comentario sobre la fuente, su relevancia o contenido
- Otros datos posibles, según la obra, son: compilador, traductor, número de edición, volumen, páginas consultadas.

Es recomendable realizar una ficha por cada fuente relevante. De esta manera, se tendrá un registro organizado del material consultado, para luego elaborar la sección de bibliografía.

> **Importante**
>
> Al sacar fotocopias, registrar la fuente en la parte superior.

Fichas de notas

Las **fichas de notas** se utilizan para registrar los hechos que probablemente se usarán en el trabajo. Las notas que se tomen pueden ser de varios tipos:

- **Citas textuales:** se reproduce exactamente lo que dijo otra persona, poniendo el texto entre comillas: *"Pasan los años. Uno se gasta, florece, sufre y goza". Pablo Neruda.*
- **Paráfrasis:** se reproduce con otras palabras el sentido exacto de una oración o texto; se trata de reformular las ideas de otra persona, pero citando a su autor: *Según Pablo Neruda, el correr del tiempo hace que el hombre se desgaste, vuelva a resurgir, y pase por etapas de penas y también de alegrías.*

> **Consejos**
>
> Las ideas de otras personas no deben ser registradas como propias, ya que en ese caso se está cometiendo el delito de plagio. Por eso es tan importante entrecomillar las citas textuales.

Otro tipo de notas que se pueden registrar son:

- **Resumen:** es una forma de paráfrasis, en la que se rescatan las ideas principales de un texto. Implica poder discernir lo que es importante de lo que es secundario.
- **Interpretación:** después de leer un texto, se extrae un significado o una conclusión general.
- **Ideas personales:** la lectura de un texto puede hacer surgir ideas sobre temas a incorporar en el trabajo, relaciones entre información o próximas búsquedas a realizar.

Es conveniente usar una ficha para cada nota que se tome, e identificar claramente en el encabezamiento la fuente de la que fue extraída y el número de página.

También se puede indicar en la parte superior alguna **palabra clave** que permita identificar rápidamente el tema de la nota.

Primera lectura

Al consultar una fuente por primera vez, no es necesario leer el texto completo para determinar su relevancia. Por el contrario, en una primera instancia es más apropiado realizar una **lectura que contemple las siguientes etapas:**

- **Leer el índice,** para tener un panorama general de los subtemas que se tratan.
- **Hojear el texto,** reconociendo su organización, material gráfico, y otros elementos que faciliten la comprensión.
- **Leer la introducción y las conclusiones.**
- **Leer las primeras oraciones de cada párrafo.**

Nota

La lectura parcializada permite realizar una primera selección del material, que será evaluado con mayor detalle en una etapa posterior. De esta forma, no se perderá tiempo en la lectura total de la fuente que, finalmente, deba ser descartada.

Segunda lectura

Luego de efectuar la primera selección de los textos, se pasa a una segunda lectura más profunda de los que se consideran más relevantes.

> **Importante**
>
> Este tipo de lectura dará como resultado una **evaluación completa** del texto, que le permitirá al lector verificar que ha comprendido todos los aspectos planteados.

Los pasos son lo siguientes:

- **Preexaminar** el texto completo a nivel de su título y estructura.
- **Preguntarse** qué se espera encontrar.
- **Leer detenidamente el texto completo** y marcar aquellas partes que, en una primera instancia, podrían ser útiles para el trabajo.
- **Resumir** la tesis o tema del texto y los puntos principales que plantea.

En caso de dudas, tendrá que hacer una **tercera lectura** con mayor detenimiento.

Evaluar la información

Frente a muchas fuentes bibliográficas, es frecuente tomar notas que se alejan del tema planteado en un principio. El paso siguiente, entonces, es depurar la información:

- **Ordenar** las fichas de notas en categorías, según los subtemas que traten.
- **Releer** todas las notas tomadas.
- De cada grupo, **seleccionar** las "potables" y descartar las irrelevantes.
- **Analizar** el grupo de las "potables" con detenimiento y verificar si están vinculadas con el tema original.

Luego de realizar esta selección, se contará con información realmente relacionada con el tema de estudio, y no se correrá el riesgo de incluir en la monografía información que no responde a los objetivos.

> **Nota**
>
> Si la evaluación de las notas revela temas muy dispersos, habrá que **seleccionar** sólo uno de ellos y volver a revisar la bibliografía para tomar nuevas notas más acotadas.

CAPÍTULO 4

Diseño

Formular la hipótesis y la tesis

Al empezar el trabajo de investigación, siempre se tiene una idea de lo que se espera encontrar. Esa idea es la hipótesis. Luego de recolectar y analizar la información obtenida, cabe preguntarse:
- ¿Qué se halló finalmente?
- Si lo que se halló es diferente de lo que se esperaba, ¿qué elementos llevaron a cambiar de idea y reformular la hipótesis?
- Si lo esperado y lo hallado son iguales, ¿se dejó de lado alguna evidencia que podría haber demostrado lo contrario?

Una vez analizados estos puntos, se llegará a la idea principal. Esta idea es la **tesis**, o **tema** de la monografía.

Nota

Una **tesis** claramente planteada se puede sintetizar en unas pocas frases que demuestren lo que se pretende encontrar. Entonces, todas las notas que no contribuyan al tema quedarán descartadas.

Tipos de tesis

Los trabajos monográficos pueden desarrollarse en torno a **diferentes tipos de tesis.**

- Las expositivas determinan que la monografía aportará información para sustentar la idea planteada.
- Las persuasivas expresan una postura del autor con respecto a un tema determinado.

Por ejemplo:

- *"El estrés aumenta el riesgo de padecer enfermedades cardíacas"*: se incluirán datos de distintas fuentes bibliográficas que contribuyan a **demostrar** la afirmación realizada.
- *"Borges construye fantasías alucinantes que renuevan la literatura de la imaginación"*: el autor deberá exponer distintos argumentos sustentados por bibliografía, para **convencer** al lector o generar una reacción en él.

Para que el trabajo monográfico resulte equilibrado deben plantearse tesis combinadas, de modo que no sólo se presenten hechos, sino que también se dé algún indicio que demuestre por qué son importantes.

Bosquejo de la monografía

Los pasos dados hasta el momento permiten elaborar un bosquejo de la estructura de la monografía. Un procedimiento recomendado es tratar de responder por escrito a las siguientes preguntas:

- ¿Cuál es el tema que se quiere abordar?
- ¿Por qué es importante?
- ¿Qué material bibliográfico es relevante para el análisis?
- ¿Cuál es la tesis o el objetivo?
- ¿Cómo se organizará el material para presentar los resultados de la manera más adecuada?
- ¿En qué subtemas puede dividirse el tema principal?

Importante

> Si es posible responder a estas preguntas claramente, se contará con una descripción organizada de los hallazgos de la investigación y con un **plan del informe** que se deberá escribir.

Si resulta difícil realizar el bosquejo, probablemente haya que replantear la tesis y volver a revisar las fuentes.

Estructura

Las monografías suelen estar organizadas en torno a una serie de **secciones fijas**. Ellas son:
- Título
- Índice
- Introducción o prólogo
- Cuerpo o desarrollo temático, dividido en capítulos o subtemas
- Conclusiones
- Bibliografía.

Algunas disciplinas científicas pueden tener requerimientos diferentes, como una sección de metodología, otra de resultados (separada de las conclusiones), un glosario de términos técnicos, o uso de notas al final del texto en vez de la tradicional bibliografía.

Consejos

Una vez que se elaboró el esquema de trabajo, es aconsejable presentarlo a consideración del docente.

Principios lógicos del plan de trabajo

Todas las partes que integran la monografía deben sujetarse a una serie de **principios lógicos**.

- **Homogeneidad:** cada subtema debe referirse directamente al tema al cual pertenece.
- **Subordinación:** los subtemas deben estar jerarquizados, de manera que los de la misma generalidad se encuentren al mismo nivel, y los que tengan menos generalidad se incluyan como divisiones de los primeros.
- **Secuenciación:** los subtemas deben organizarse siguiendo un orden lógico, cronológico o espacial, según el tema estudiado y el propósito del investigador.
- **Autonomía:** cada parte de la monografía debe tratarse en un solo lugar, es decir que no hay que repetir lo mismo en distintas secciones.
- **Completud:** el plan de trabajo debe abarcar la totalidad del tema planteado en el título.

Si se siguen todas estas pautas, se logrará un desarrollo del tema que sea claro para el lector.

CAPÍTULO 5
Etapas de redacción

El lector de la monogarafía

Un buen ejercicio antes de escribir es imaginar quién será el lector de la monografía. De esta manera, se puede determinar el campo de **saberes comunes** que se comparten con él.

Lector hipotético:

- **Para una persona que no sabe nada sobre el tema** habrá que definir todos los términos técnicos que se utilicen y explicar los conceptos más básicos.
- **Para una persona que tiene algunos conocimientos previos**, y que está interesada en leer el trabajo para aprender algo más pueden usarse algunos tecnicismos sin dificultar la comprensión. Si es necesario, las definiciones básicas pueden incluirse en un glosario para no interrumpir la lectura.

--- *Nota* ---
En los ámbitos educativos, el **docente** evaluará la capacidad del estudiante para transmitirlos de manera comprensible.

Título

El título es lo primero que se lee de la monografía, y en muchas ocasiones es lo que determina si se leerá el trabajo completo o no. Por lo tanto, debe cumplir **algunos requisitos** fundamentales.

- **Claridad:** implica que debe indicar realmente de qué trata el trabajo.
- **Precisión:** se deben incluir las palabras que sean estrictamente necesarias.
- **Longitud:** debe ser, en lo posible, breve; de no más de quince palabras.

Si bien al iniciar el trabajo ya se tiene una idea del título, es aconsejable verificarlo al terminar la redacción.

De este modo, no se cometerán desviaciones en el desarrollo.

En algún caso, tal vez haya que modificar ciertas palabras del título para que sea fiel al contenido.

Índice

El índice precede a todo texto académico, y presenta la forma en que se estructura el trabajo, como manera de guiar al lector por los distintos tópicos:

- Incluye todos los **capítulos o secciones** en que se divide la monografía tal como aparecen en el texto.
- **Los subtemas** se presentan respetando la jerarquía que tienen en el trabajo.
- Es preferible evitar el uso de más de **tres niveles de títulos**, para no perderse en el desarrollo de los temas.
- Se indica **en qué página** se encuentra cada tema.

La base sobre la que se construye el índice es el plan de trabajo inicial. Dado que muchas veces surgen modificaciones durante la redacción, es conveniente **redactar el índice definitivo al finalizar el trabajo**. De esta forma, se estará seguro de que cada elemento responde realmente a los temas que se tratan en los distintos niveles.

Introducción

La introducción es la **puerta de entrada** al desarrollo del trabajo monográfico. Su longitud es variable, y depende de la extensión total de la monografía. Debe incluir los siguientes elementos:

- **Planteo** del problema y de por qué se eligió el tema.
- **Explicación** del objetivo del trabajo y de los aportes que puede realizar.
- **Presentación** de material contextual relevante, que permita ubicar el tema dentro de un campo de conocimiento.
- **Definición** de términos y conceptos cuando sea necesario.
- Planteo del **plan** de organización.

La organización del material dentro de la introducción suele ir de lo general (el marco en el que se inscribe el tema de estudio) a lo particular (el tema de estudio en sí).

> *Nota*
>
> La **introducción** pretende motivar al lector para que continúe leyendo, a la vez que le brinda un marco teórico adecuado que le permitirá comprender el desarrollo del trabajo.

Cuerpo

Es la sección de la monografía que refleja la tarea de selección y análisis del material bibliográfico, y su elaboración. Su objetivo es establecer relaciones y conexiones que sustenten la tesis planteada.

Existen varias formas de presentar el material recopilado, que suelen surgir del tema de la monografía.

Algunos de los principios organizadores son:

- Plantear los hechos siguiendo un orden cronológico.
- Establecer comparaciones entre distintas posiciones.
- Plantear problemas y proponer soluciones.
- Establecer un enunciado general y presentar las ideas que lo sustentan.

El **cuerpo de la monografía** puede dividirse en distintas secciones, en cada una de las cuales se tratará un subtema. No es conveniente trabajar con más de tres niveles de subtemas, para no confundir la lectura ni la propia redacción.

Fuentes de referencia

> **Importante**
>
> El trabajo monográfico no es una simple recopilación de fuentes bibliográficas, sino que éstas deben servir para sustentar y explicar la **tesis**.

Las ideas tomadas de otros autores deben integrarse en el texto teniendo en cuenta los siguientes aspectos:

- **Las fuentes** deben citarse siguiendo normas establecidas (véase Parte 3, Documentación de las fuentes), ya sea que se hagan citas directas o paráfrasis.
- En todos los casos, hay que incluir, básicamente, datos de autor, año y, en ocasiones, página de donde fue tomada.
- Las **ideas de otros autores** deben ir intercaladas con las ideas personales que demuestren la elaboración del material.

> **Consejos**
>
> Al momento de realizar la redacción quizá no sea posible incorporar toda la información que se encontró. Por lo tanto, se debe **descartar** una parte.

Opciones para incluir las fuentes

El **cuerpo de la monografía** debe resumir, analizar, explicar y evaluar los trabajos de otros autores.

Con el fin de que la lectura sea amena, es aconsejable utilizar distintos recursos para introducir las **referencias**:

- **Intercalar** las citas textuales con paráfrasis de las ideas de otros autores: *Quinn señala que "el proceso estratégico en su totalidad no es lineal", debido a que la integración de los subsistemas...*
- **Variar** la forma de introducir las palabras de otro autor: *Según Borges..., Las ideas de Eco se contraponen con lo planteado por..., Einstein sostenía que...*
- Indicar la **postura personal** con respecto a las palabras de un autor.

> *Nota*
>
> La cita presupone un **acuerdo** con las ideas de quien es citado. Salvo que la selección esté antecedida por un descuerdo con las ideas que se citan, el lector debe suponer que el autor de la monografía habla a través de las citas.

Al variar las formas de introducir las referencias, la lectura del texto resultará más amena y demostrará un mayor trabajo de elaboración del material recopilado.

Formas de citar

Aspectos formales de las citas en el texto:
- Si el texto que se cita es el objeto del análisis, la selección debe ser lo **suficientemente extensa** como para justificar su presencia y realizar una evaluación.
- Si se citan unas pocas palabras, se integran en el texto, siempre entre comillas: *Ese "reino de la libertad", como Gibrán lo llamaba, era un santuario sagrado.*
- Si las citas tienen una longitud mayor, también se las integra en el texto, pero precedidas por dos puntos: *La correspondencia que mantenía con Mary registraba los vaivenes de su vida: "Cuando la niebla abruma mi yo interior, releo tus cartas una y otra vez. Ellas me hacen recordar quién soy en realidad".*

Cuando las citas tienen más de cuatro renglones, se introducen con dos puntos y van en un párrafo separado, sin entrecomillar, y dejando 1 centímetro de sangría de cada lado. Suelen ir en un cuerpo de letra más pequeño:

> Dice Ana María Barrenechea (1984), en referencia a la obra de Borges:
>
> *Borges aplica aquí a la propia vida su capacidad para sintetizar destinos humanos y destacar su carácter simbólico, convirtiéndola en una parábola de su obra. [...] Esta es y será su tarea: poesías ensayos, cuentos, se orientan definitivamente hacia formas universales de lo fantástico-metafísico. Pero tampoco debe entenderse que se aparte de su país y se convierta en un artista desarraigado...*

En este fragmento se observa también que si se omite una parte del texto original citado, se lo indica con puntos suspensivos entre corchetes.

Conclusiones

El trabajo monográfico queda cerrado cuando, luego de plantear una tesis y analizar todo el material bibliográfico, se elabora una conclusión, en la que, reuniendo muchos elementos, se logran establecer nuevas relaciones. Esta sección del trabajo debe incluir:

- Un **resumen** del argumento original, para facilitar la lectura y relacionar rápidamente la introducción con las conclusiones.
- Las **inferencias** realizadas por el estudiante, con la debida fundamentación.
- **Sugerencias** de otros temas que puedan analizarse en una etapa posterior para enriquecer el trabajo.

Importante

Las **conclusiones** no son un mero resumen de lo expuesto en el trabajo, sino que implican la capacidad de síntesis luego de un proceso de maduración intelectual. Constituyen el **aporte personal del autor** del trabajo, sin el cual la monografía queda inconclusa.

Bibliografía

Toda la información a la que se hizo referencia durante el desarrollo de la monografía debe quedar perfectamente documentada en la bibliografía. De esta manera, cualquier persona interesada en el tema podrá localizar el trabajo.

> **Nota**
>
> Para armar la bibliografía se parte de los datos registrados en las **fichas** con que se trabajó. Si las fichas están correctamente realizadas, no será necesario rastrear otra vez los trabajos para completar esta sección.

Para elaborar esta sección, hay que tener presentes las siguientes pautas:

- Seguir las normas establecidas de documentación (véase Parte 3, Documentación de las fuentes).
- Incluir sólo las obras que se mencionaron en el texto.
- En caso de creer necesario incluir algún trabajo que sirvió como marco general para la elaboración de la monografía, o que resulta interesante consultar, se puede agregar en una sección separada, denominada Obras de referencia.

PARTE 2: ARTÍCULO CIENTÍFICO

CAPÍTULO 6
La redacción científica

Qué es un artículo científico

Una investigación sólo está completa cuando se comunican los resultados obtenidos a través de su publicación en un artículo científico, que presenta las siguientes características:

- **Describe los resultados originales** de toda la investigación.
- Contiene **información suficiente** para evaluar las observaciones, repetir los experimentos y analizar los procesos intelectuales realizados.
- Sigue **pautas específicas** de presentación, definidas por siglos de tradiciones, práctica editorial y ética científica.

Nota

Para que un artículo científico sea publicado debe pasar por la **evaluación** de un comité, que juzgará el cumplimiento de todos los requisitos para que se convierta en una publicación válida.

Tipos de publicaciones

Una vez que un artículo científico es aceptado para su publicación, aparecerá en tres tipos de medios:

- **Publicaciones primarias:** son las revistas especializadas en las que se publica el artículo completo.
- **Publicaciones secundarias:** son publicaciones que se encargan de recopilar los títulos de los artículos de gran cantidad de revistas, indicando los datos de la publicación en la que aparecen. En ocasiones, incluyen un resumen de cada uno.
- **Sistemas de indización:** son bases de datos que utilizan las palabras del título del artículo para incorporarlo en sus registros y así pueda ser localizado.

Nota

Dado que se publican habitualmente miles de artículos, los científicos leen en primer término las publicaciones secundarias, y si el título o el resumen de un trabajo les resulta interesante, lo leen completo.

Por lo tanto, las fuentes secundarias tienen una enorme importancia.

Escritura científica

La escritura científica tiene pautas específicas y convencionalismos que es importante respetar:

- **Claridad:** dado que se aportan conocimientos científicos nuevos, hay que expresarlos claramente, sin adornos de ningún tipo. La grandilocuencia no tiene cabida en la redacción científica.
- **Precisión:** sólo escribir lo que sea indispensable, no usar palabras superfluas. El mejor lenguaje a usar es el que transmite el sentido con el menor número posible de palabras.
- **Especificidad:** no usar términos generales que no aporten un significado concreto.

El valor de los datos recopilados por un científico no debe perderse por problemas en el proceso de comunicación.

> *Nota*
> Conviene **leer** otros artículos para familiarizarse con la estructura y las pautas de redacción.

Organización

La forma más sencilla y lógica de comunicar los resultados de una investigación es el modelo IMRYD.

La sigla proviene de las secciones en que se divide el trabajo, que responden a una serie de preguntas:

- **I**ntroducción: ¿qué cuestión se estudió?
- **M**étodos: ¿cómo se estudió el problema?
- **R**esultados: ¿cuáles fueron los hallazgos? **Y**
- **D**iscusión: ¿qué significan los resultados?

El sistema IMRYD ayuda al autor a organizar y escribir su texto, y brinda una especie de **hoja de ruta** para guiar a los directores, árbitros y lectores en la lectura.

> *Importante*
>
> Las secciones mencionadas son estándar, pero en algunas disciplinas se escribe siguiendo un modelo descriptivo, como en los trabajos de campo o en informes de casos clínicos.

Es recomendable chequear las estructuras más frecuentes en cada disciplina, y si el trabajo va a ser publicado, leer primero las instrucciones a los autores.

Macroestructura

La forma en que se organizan las secciones en que se subdivide un artículo científico puede pensarse como imitando la forma de un reloj de arena:

- **Introducción:**
  se realiza la transición entre el campo general de estudio o contexto del experimento, y la experiencia específica realizada, que surge a partir del planteo de un problema.
- **Métodos y resultados:**
  el desarrollo se centra en la experiencia realizada.
- **Discusión:**
  es la imagen especular de la Introducción, ya que se mueve de los hallazgos específicos a sus implicancias generales.

Estos movimientos **de lo general a lo particular y de lo particular a lo general** siguen el ciclo lógico de los métodos de investigación. Cada una de las secciones mencionadas cumple funciones específicas, y se requieren diferentes recursos lingüísticos para concretarlas.

CAPÍTULO 7
Las distintas secciones

Título. Especificidad

> **Consejos**
>
> El **título** es el menor número de palabras que describen con claridad y precisión el contenido de un artículo científico.

En cuanto a las palabras que incluye:
- Deben ser aquellas que **subrayen el contenido** significativo del trabajo.
- **Deben usarse términos específicos:** carece de sentido, por ejemplo, *"Acción de los antibióticos sobre las bacterias"*, porque seguramente no se investigaron todos los antibióticos en todas las bacterias.
- Una opción más precisa puede ser: *"Inhibición del crecimiento de Mycabacterium tuberculosis por la estreptomicina"*.
- **Evitar palabras superfluas**, como "estudio de...", "investigación sobre...", "observaciones acerca de...".

Las palabras clave del título son tomadas por los sistemas de indización mecanizada (por ejemplo, Chemical Abstracts) para registrar el trabajo en sus bases de datos. Por lo tanto, el autor debe incluir en el artículo aquellos términos que permitan definirlo.

Sintaxis

El título es una etiqueta para el artículo. Se debe cuidar el orden de las palabras para evitar confusiones:

- **No se emplean oraciones completas**, con sujeto, verbo y predicado. El uso de verbo y las oraciones afirmativas dan un aspecto dogmático que debe evitarse, por ejemplo: "La economía electrónica vuelve eficientes a los mercados ineficientes".
- **El orden incorrecto de las palabras** genera ambigüedad: "Caracterización de las bacterias que producen mastitis mediante la cromatografía de gas líquido" (¿qué se produce por cromatografía, la mastitis o la caracterización?).

Nota

La mayoría de los errores de los títulos provienen de una sintaxis incorrecta. Miles de personas leerán sólo el título del trabajo, por lo que se debe pensar detenidamente en cada uno de los términos que se incluirán.

Longitud

Es frecuente encontrar trabajos científicos cuyos títulos son **imposibles de comprender**, ya sea por la longitud y complejidad que presentan, como por la abstracción en la información que incluyen:

- Títulos muy cortos: *"Estudio sobre Mal de Chagas"* es un título que no da información, porque no indica si el estudio es genético, bioquímico, médico, etc.
- Títulos muy largos: *"Sobre una adición al método de investigación microscópica mediante una forma nueva de producir contrastes de color entre un objeto y su entorno o entre partes concretas del objeto mismo"*. Más que un título parece un resumen del trabajo.

Ninguno de los dos extremos es bueno.

> *Nota*
> Equilibrando la especificidad de las palabras y la sintaxis correcta se logra un título que brinda **toda la información necesaria** sobre el artículo de investigación.

Otras particularidades
En la construcción de un buen título:

- **No se deben usar abreviaturas**, fórmulas químicas, nombres patentados, etc.

  Si un trabajo se refiere al efecto del ácido clorhídrico (HCl), lo más lógico sería usar el nombre completo, ya que luego facilitará la localización del artículo a través de índices, buscando "clo" en vez de "hcl".

- **Evitar el uso de títulos en serie o partidos:** *"Estudios sobre management estratégico. IV. Planeamiento y herramientas de análisis".*

- **Evitar los títulos interrogativos:** ¿Es efectivo administrar ácido fólico a las embarazadas?

Cada artículo debe ser independiente y coherente en sí mismo, y debe ser localizado fácilmente en los índices según sus palabras clave.

Autores

El o los autores del artículo de investigación son los responsables intelectuales de los resultados obtenidos, de modo que **sus nombres deben incluirse a continuación del título** del trabajo:

- **Sólo incluir** a aquellas personas que efectivamente participaron en la investigación.
- Algunas revistas exigen que los nombres vayan en **orden alfabético**.
  En otras, se indica en primer lugar al **jefe del grupo de trabajo**, aunque no haya participado activamente.
- Actualmente, la tendencia es poner en **primer lugar al autor principal** y progenitor primario del trabajo, aunque sea un estudiante.
- Se utiliza **nombre de pila y apellido**, evitando el uso de iniciales para no confundir la bibliografía.

A continuación de cada autor se incluye una **llamada** que remite al pie de la página (Barón, Nélida[1]), donde figura el nombre y dirección del laboratorio en el que se desarrolló la investigación.

Introducción

Estructura

Esta sección debe dejar en claro por qué se eligió el tema de investigación y por qué es importante. Sus elementos principales son:

- **Objetivo o problema a resolver:** expone la naturaleza y el alcance del problema investigado.
- **Relación del trabajo con otros anteriores:** sitúa la investigación en el contexto de otras investigaciones, de acuerdo con la bibliografía analizada.
- **Importancia del trabajo**, según lo que se espera encontrar.
- **Método de investigación:** cómo se trató de resolver el problema.
- En algunas publicaciones se mencionan los **principales resultados** de la investigación, y las **conclusiones más importantes**.

Importante

La introducción da un marco al trabajo, con el fin de situarlo en un **contexto**. Para hacerlo, se mueve de lo general a lo específico.

Estilo

El estilo básico de redacción de esta sección debe considerar los siguientes aspectos:

- Todas las referencias a otras obras deben estar **documentadas**, respetando las normas del estilo de documentación que se elija o que determine cada publicación.
- No se suele trabajar con **notas al pie ni con citas textuales.**
- No utilizar palabras que demuestren **certidumbre**, como probó o demostró. Es preferible optar por términos más neutros, como **indicó, sugirió, reportó, aportó,** etc.
- Una buena parte de esta sección se escribe en **tiempo presente** porque se refiere al problema planteado y a la forma en que se resolverá.
- **Definir cualquier término o abreviatura** que sean necesarios para comprender el tema.

Materiales

El objetivo de esta subsección es describir los elementos utilizados para la investigación.

- **Reactivos:** especificaciones técnicas, cantidades, procedencia y método de preparación.
- **Sujetos:** animales experimentales o participantes del estudio (género, especie, cepa, edad, cantidad, sexo, peso, cómo se los seleccionó, si todos terminaron el estudio, condiciones de mantenimiento, etc.).
- **Instrumentos:** máquinas, equipos y dispositivos empleados, y la función de cada uno. Si los equipos utilizados para la investigación fueron estándar, bastará con indicar su nombre o código. En caso de haber sido especialmente diseñados para la experiencia, habrá que describirlos e incluir un diagrama.

Consejos

El método científico exige que, para que los resultados de una investigación tengan valor, deben ser **reproducibles**. Por lo tanto, la metodología utilizada debe estar descrita con suma precisión.

Métodos

En esta subsección se deben indicar **cuáles fueron los pasos** para realizar la investigación.

- **Procedimientos:** reseñar las distintas etapas de la experiencia (variable independiente) y cómo se obtuvieron los datos (variable dependiente).
- Si los **métodos son nuevos**, describirlos con todos los detalles.
- Si son **conocidos**, se puede dar sólo una referencia, en ocasiones acompañada por un resumen: *"Se rompieron las células por tratamiento ultrasónico, siguiendo la técnica de Roberts (6)"*.
- Si son métodos conocidos pero se les hizo alguna **modificación**, hay que describirla en detalle.

— Nota —

La metodología de un trabajo de investigación es similar a una **receta** de cocina, en la que se deben indicar todos los pasos a seguir para poder volver a preparar la misma receta y obtener los mismos resultados.

Estilo

> **Nota**
>
> Uno de los errores más frecuentes cuando se escriben los primeros trabajos de investigación es mezclar **métodos con resultados**, por lo que hay que prestar especial atención a este punto.

Con frecuencia, los elementos de esta sección se presentan en una secuencia telegráfica muy condensada de nombres de autores y de procedimientos. Por este motivo suele resultar difícil de leer para las personas que no comparten el campo de investigación. Algunas de las particularidades de redacción son:

- Escribir en **tiempo pasado**.
- Usar nombres **genéricos** y no comerciales.
- No incluir **detalles de procedimientos estadísticos comunes**.
- Los procedimientos se suelen presentar siguiendo un orden **cronológico**. Sin embargo, esta secuencia no lógica no siempre es posible, ya que si hay métodos relacionados, habrá que presentarlos juntos.

Sintaxis

En el afán de sintetizar la información, uno de los errores más frecuentes en la metodología es indicar una acción **sin señalar qué sujeto** la realiza:

- "Para determinar su cociente respiratorio, el microorganismo fue colocado en..."
- "Después de permanecer en agua hirviendo una hora, examínese el matraz".

En el primer caso, el único sujeto que se menciona es el microorganismo, pero no puede haber sido él quien determinara el cociente respiratorio.

Opción correcta: *"El cociente respiratorio del microorganismo se determinó colocándolo en...".*

En el segundo caso, es el matraz el que permanece en agua hirviendo, y no el investigador, como da a entender la oración.

Opción correcta: *"El matraz deberá permanecer en agua hirviendo durante una hora; transcurrido ese tiempo, será examinado".*

Resultados

En esta sección se presentan los datos recopilados, los métodos estadísticos utilizados para analizarlos y los resultados de los análisis estadísticos:

- Los datos se presentan de manera resumida.
- Sólo se presentan los **resultados finales**, nunca los parciales.
- Si sólo se incluyen unas pocas mediciones, se tratarán descriptivamente en el texto. Las mediciones reiteradas se presentarán en **tablas y figuras**, para mayor claridad, y en el texto sólo se mencionarán los más representativos.
- **Sólo se incluyen los resultados significativos**. No hay que confundir lo no significativo con lo insignificante. También puede ser importante presentar los aspectos negativos de los experimentos.

Nota

El corazón del trabajo científico son los resultados. Las secciones anteriores sirvieron para explicar por qué y cómo se obtuvieron los resultados, y la discusión se encargará de ver qué significan.

Estilo

La sección de resultados suele ser la **más corta del trabajo de investigación**, a pesar de que es la más importante. Esto se debe a que los conocimientos nuevos deben presentarse de forma breve y clara:

- **Los datos deben seguir un orden lógico** según el tipo de estudio: de más a menos importante, de más simple a más complejo, por compuesto, por órgano.
- **Se dan valores exactos**, nunca aproximaciones.
- Se escribe en **tiempo pasado**.
- Evitar el uso de palabras innecesarias: *"El cuadro 1 muestra con claridad que el uso de contraseñas es el sistema de seguridad preferido por las empresas"*. Es mejor decir: *"El uso de contraseñas es el sistema de seguridad preferido por las empresas (cuadro 1)"*.
- **No incluir comentarios**, dejarlos para la etapa de discusión.

Consejos

"La obsesión por incluirlo todo, sin olvidar nada, no prueba que se dispone de una información ilimitada, sino que se carece de capacidad de discriminación." (Aaronson, 1977)

Discusión

La discusión debe mostrar las relaciones existentes entre los hechos observados. En esta sección, no hay que hacer una recapitulación de los resultados obtenidos, sino tratar de interpretarlos para ver qué significan:

- **Resumir los resultados más importantes**, y determinar si apoyan o no la hipótesis inicial o si resuelven el problema planteado.
- **Señalar las excepciones o la falta de correlación** de los resultados, delimitando los aspectos no resueltos.
- **Ubicar la experiencia en el contexto de otros trabajos**, comparando los resultados obtenidos con los de otras investigaciones, o como apoyo para los resultados obtenidos.

Jamás se deben alterar u ocultar los datos que no se adapten a los esperados. El resultado negativo de una experiencia puede ser tan valioso como uno positivo.

> *Nota*
> "La ausencia de prueba no es prueba de ausencia." (Carl Sagan, 1977)

Implicancias

Muchas veces los investigadores no exponen la significación de los resultados obtenidos, o lo hacen de manera insuficiente, con lo cual el trabajo se diluye hacia el final sin que el lector pueda contestar a la pregunta: ¿y ahora, qué? Entonces, se sugiere:

- **Exponer las consecuencias teóricas** de la investigación.
- Evaluar las posibles aplicaciones prácticas.
- Sugerir qué futuras líneas de investigación se podrían abrir a partir de lo hallado.

> *Nota*
>
> Un estudiante que esté realizando sus primeras incursiones en la investigación puede comentar las **fallas** o problemas que encontró, y explicar cómo los corregiría en estudios posteriores.

"La buena escritura, como la buena música, tiene su culminación apropiada. Muchos artículos científicos pierden gran parte de su efecto porque la clara corriente de la discusión acaba en un delta pantanoso." (Anderson y Thistle, 1947)

Estilo

En ocasiones, como el autor duda de los resultados obtenidos o de su argumentación, se oculta tras una nube de verbosidad que impide seguir el desarrollo de las conclusiones. Para evitarlo, tener en cuenta los siguientes aspectos:

- **Moverse de lo específico a lo general**, es decir, del trabajo realizado a la literatura sobre el tema.
- **Presentar evidencias para cada conclusión**, de modo que las explicaciones sean completas y no se dé nada por sentado.
- **Evitar especulaciones** que no pueden probarse en un futuro cercano.

Cabe recordar que las declaraciones más sencillas sugieren la mayor sabiduría. El lenguaje verboso y las palabras técnicas de adorno se utilizan para transmitir un pensamiento superficial.

Consejos

La **discusión** es la sección más difícil de escribir, y por la que suelen ser rechazados los trabajos.

Resumen

El resumen o *abstract* de un informe de investigación es una versión reducida del artículo. Esto permite a los lectores identificar rápida y exactamente el contenido del trabajo, determinar su pertinencia para sus intereses y decidir si necesitan leer el trabajo completo o no.

Debe incluir referencias a:

- **Problema planteado** u objetivo de la investigación: qué se investiga y por qué.
- **Método:** cómo se realizó el trabajo.
- **Resultados:** qué se encontró.
- **Conclusiones:** qué significan los resultados y qué caminos se abren.

― *Importante* ―

Los **resúmenes** forman parte del trabajo de investigación, y también se los publica como unidades independientes en las publicaciones secundarias, como los Abstracts.

Los resúmenes que incluyen los elementos mencionados se denominan **informativos**, porque condensan el artículo, exponiendo cada uno de los puntos mencionados anteriormente.

Estilo

Los resúmenes deben recuperar la idea principal de cada sección, y su redacción debe seguir **pautas estrictas de confección:**

- Debe tener entre 100 y 300 palabras.
- Se escribe en un **único párrafo.**
- Se redacta en **tiempo pasado.**
- Se utiliza la **tercera persona, voz pasiva**.
- **Evitar las repeticiones,** los adjetivos, los detalles descriptivos, las estructuras sintácticas complejas, y todos los elementos que vayan en contra de la economía de palabras.
- **No lleva referencias a figuras, tablas o fuentes, ni datos estadísticos.**

El resumen se incluye al principio, pero es preferible redactarlo al terminar de escribir el artículo completo.

Importante

La publicación de un artículo científico tiene un **costo** que se calcula según la cantidad de palabras. Además de pagar por la publicación, también hay que pagar cada vez que se hace una reimpresión o se publica el resumen del trabajo en un *abstract*. Por este motivo, es fundamental utilizar sólo las palabras necesarias.

Agradecimientos

Es frecuente que, al concluir el artículo científico, se incluya una breve sección destinada a agradecer cualquier ayuda técnica recibida de personas que no son los autores directos del trabajo:

- **Personal del laboratorio** donde se realizó la investigación.
- **Personas que contribuyeron en la lectura y corrección** del manuscrito.
- **Otros investigadores** que realizaron sugerencias sobre el texto o el desarrollo de la experiencia.
- **Entidades o personas** que brindaron ayuda financiera.
- Entidades que otorgaron subvenciones o becas.
- Si el agradecimiento se refiere a una idea, sugerencia o interpretación, hay que ser **muy específicos** al respeto.

Estos agradecimientos no son personales, sino estrictamente profesionales.

Consejos

Es prudente mostrar el texto de agradecimiento a la persona a quien se está agradeciendo, para contar con su aprobación.

Referencias

En esta sección se incluyen las referencias completas a todas las obras mencionadas en el texto. Para hacerlo, hay que seguir normas establecidas por cada disciplina de estudio (véase Parte 3, Documentación de las fuentes):

- Sólo se citan las **obras publicadas.**
- Las referencias a datos no publicados, resúmenes, tesis y otros materiales de importancia secundaria **no suelen citarse**. Si una referencia de este tipo es esencial, se podrá añadir al texto entre paréntesis, o como nota al pie.
- Las obras que estén en proceso de publicación se incluyen con el nombre de la revista, seguido de "**en prensa**".

Antes de presentar el manuscrito final, es conveniente cotejar todas las referencias con las obras originales, para evitar errores que luego impidan localizar el trabajo.

PARTE 3: PAUTAS PARA LA ELABORACIÓN DE MONOGRAFÍAS Y ARTÍCULOS CIENTÍFICOS

CAPÍTULO 8

Elementos de la redacción

Abreviaturas

Tanto en los artículos científicos como en las monografías se suelen incluir abreviaturas que deben definirse si es necesario. Las convenciones son similares en la mayoría de las publicaciones:

- La **abreviatura** se introduce escribiendo **primero la palabra** o término completo y, a continuación, la abreviatura entre paréntesis: *"Las áreas de estrategia se definen para toda la corporación y para cada unidad de negocios estratégica (SBU)"*.
- La **segunda vez** que se menciona, se usa directamente la abreviatura.
- Los **nombres de los organismos** se escriben completos la primera vez (*Streptomyces griseus*), y luego se abrevia la primera palabras (*S. griseus*).
- Nunca usar abreviaturas en el título del trabajo.
- Tampoco se usan abreviaturas en el **resumen**, salvo que se nombre varias veces el mismo término.

> **Consejos**
>
> En la primera redacción, es conveniente redactar los términos completos. Luego, en el proceso de corrección se evaluará en qué casos conviene abreviar.

Algunas de las abreviaturas de uso más frecuente son las de las unidades de medida. En estos casos:

- Las **unidades de medida** se abrevian cuando se utilizan con valores numéricos:

    "Se añadieron 4 mg de cloruro de sodio".

- Cuando no se expresa la **cifra**, se escribe la palabra completa:

    "Los kilómetros de ruta construidos en la primera etapa del proyecto superan las planificaciones".

- Hay que tener cuidado con el uso de la barra al indicar concentraciones de soluciones:

    "Se agregaron 4 mg/ml de sulfuro sódico". No está claro si se agregaron 4 mg de sulfuro sódico por mililitro de solución, o 4 mg de otra sustancia por cada 4 ml de sulfuro sódico.

Números

La escritura de números también presenta algunas particularidades:

- Los números **menores de 10** se escriben en letras, salvo si representan **edades** (*un sujeto de 41 años*), **horas y fechas** (*la experiencia se inició a las 5.30 del 15 de marzo*), **razones** (*la proporción fue de 4:1*), **comparaciones** (*3 ratones, 5 ratas y 4 cobayos*), **porcentajes** (*7% de los entrevistados*), **unidades de medida o tiempo** (*se tomaron 4 muestras diarias*).
- Los mayores de 10 se escriben con dígitos: *tres experimentos o 13 experimentos*.
- Si se realiza una enumeración con valores de distinta cantidad de cifras, todos se escriben con dígitos: *se realizó la evaluación a 3 alumnos de nivel universitario, 7 de nivel secundario y 18 de nivel primario*.
- Una oración nunca debe empezar con una cifra: *150 personas concurrieron a la entrevista*.

Persona

Los investigadores suelen escribir en modo **impersonal** o utilizando la **voz pasiva**, como una forma de dar objetividad al trabajo:
- "El experimentador observó", en vez de "Observé".
- "El lector puede evaluar", en vez de "Usted puede evaluar".
- "Los sujetos fueron entrenados", en lugar de "Entrené a los sujetos".
- "Fue aplicada una prueba t", en vez de "Apliqué una prueba t".

El empleo de voz pasiva hace que se requiera una mayor cantidad de palabras que en la voz activa para expresar el mismo concepto.

El uso excesivo de la voz pasiva proviene de la idea de que usar la primera persona gramatical es presuntuoso e incorrecto.

—— *Importante* ——

Un buen consejo para incorporar las formas de escritura de la ciencia es **leer trabajos** de distintas disciplinas y tomar nota de los recursos que utilizan.

Tiempos verbales

El uso de los tiempos verbales en los artículos científicos y las monografías se deriva de una **cuestión ética**:

- Los resultados publicados pasan a ser **conocimientos establecidos**, y se los menciona en tiempo presente: *"El consumo excesivo de grasas aumenta la probabilidad de padecer arterioesclerosis"*.
- Las referencias al trabajo actual se realizan en pasado: *"El 10% de los encuestados afirmó no haber usado nunca Internet"*.
- Los resultados de los análisis estadísticos deben estar en presente, aun cuando el enunciado relacionado con los objetos a que se refieren esté en pasado: *"Estos valores son mayores que los correspondientes a los del período anterior, lo cual indica que la tasa inflacionaria creció más rápidamente"*.
- La introducción suele escribirse en presente.
- El resumen, los métodos y resultados se escriben en tiempo pasado.
- En la discusión se combinan los tiempos.

Conocimiento establecido: aquellos resultados que por haber sido publicados siguiendo las normas de validez científica son considerados verdaderos hasta tanto otras investigaciones no demuestren lo contrario.

Cuestiones varias

En la escritura científica, para dar claridad al texto hay que cuidar algunos aspectos:

- No usar **eufemismos**:

    "Algunos miembros de la población sufrieron consecuencias mortales por la presencia de plomo en la harina".

    Correcto: *"Algunos miembros de la población murieron por haber comido pan elaborado con harina contaminada con plomo"*.

- Reemplazar los sustantivos abstractos por verbos:

    "Se llevó a cabo el examen de los pacientes". "La transformación de las ecuaciones se logró mediante...".

    Correcto: *"Se examinó a los pacientes".*
    "Las ecuaciones se transformaron mediante..."

Importante

El artículo científico debe ser claro y sencillo, de modo que, como decía Einstein: "Si quiere escribir la verdad, deje la elegancia para los sastres".

CAPÍTULO 9
Material gráfico

Cuadros

- **Los datos en los cuadros** se organizan de forma que sus elementos se lean de **arriba abajo**, dado que así la información se comprende con mayor facilidad. Por ejemplo, en el cuadro el PBI de distintos países se sigue en una columna.
- Al presentar números, sólo incluir las **cifras significativas**; el resto puede inducir a error y dificulta las comparaciones.
- No presentar los datos en más de una forma: en el texto, o en un cuadro, o en una figura.

Índices de desarrollo humano

País	Esperanza de vida al nacer	Tasa de alfabetización	PBI	Índice de escolaridad
Canadá	79,0	99,0	21.459	0,99
Líbano	69,0	92,0	4.863	0,86
Brasil	66,4	82,87	5.362	0,79
Túnez	68,4	65,2	5.319	0,66

Gráficos

Muchas veces, los resultados de una experiencia pueden presentarse en forma de cuadro o de gráfica. Entonces, ¿cuándo utilizar uno u otro?:
- Si los datos muestran una **tendencia interesante de los valores**, se los puede presentar en forma de gráfico. Por el contrario, si los números sólo cuentan por sí mismos, será mejor elaborar un cuadro o una tabla.

Distribución de los habitantes pobres
en las economías de transición:

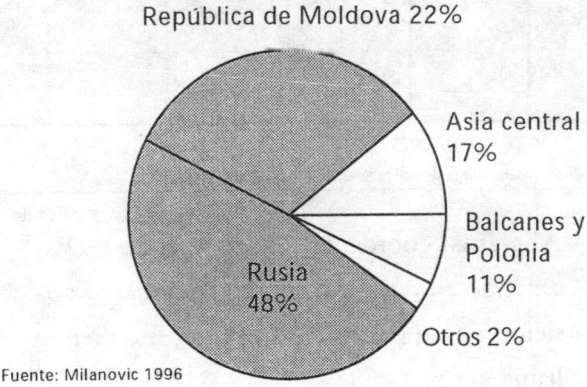

Fuente: Milanovic 1996

Los programas de computadora brindan una serie de herramientas de gran utilidad para hacer gráficos. Algunos de los aspectos a tener en cuenta al realizar gráficos son:

- Elegir el tamaño de letra y los símbolos tal que resulten claros cuando se haga la reducción para la impresión.
- No incluir muchos aspectos en un mismo gráfico, porque se generará confusión.
- No prolongar abscisas y ordenadas más de lo que el gráfico requiere. Por ejemplo, si los valores van de 0 a 78, es suficiente con que llegue a 80, no a 100.

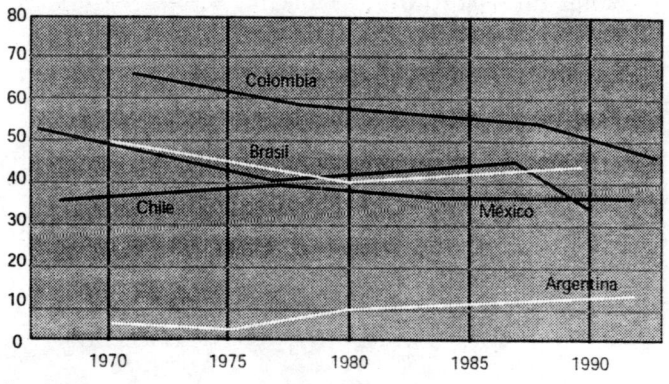

Nota: Los datos para la Argentina se refieren al Gran Buenos Aires
Fuente: Altimir 1996

Abscisas: coordenada horizontal en un sistema de ejes que permite determinar la posición de un punto en un plano. También se llama eje x.

Ordenadas: coordenada vertical en un sistema de ejes que permite determinar la posición de un punto en un plano. También se llama eje y.

Cuadros y gráficos. Estilo

Tanto cuadros como gráficos, o cualquier otra clase de ilustración que se incluya, debe estar **perfectamente integrada al texto**, a través de los siguientes elementos:
- Hacer **referencia** a ellos en el texto: "... tal como muestra la figura 1".
- **Numerar** cada cuadro o gráfico y colocarle un **título conciso**, formado por una sola oración.
- Si es necesario, **incluir notas explicativas** al pie, pero sin repetir información que ya esté en la sección de Métodos.
- En el caso de un artículo científico, al margen del texto principal, **señalar** que el cuadro o el gráfico deben insertarse en ese lugar, para que el diagramador lo ubique lo más cerca posible de la referencia.

Muchos investigadores creen que los cuadros o los gráficos aumentan la importancia del texto, y esto no es así. Antes de elaborar un gráfico, pensar si lo que se va a graficar puede expresarse en palabras.

Fotografías

En los trabajos que requieran la inclusión de fotografías, hay que tener presentes algunos aspectos:

- Se suele trabajar con **fotos en blanco y negro**, por los costos de impresión.
- El material debe **adaptarse al ancho** de la página de la publicación.
- Las reducciones de más del 50% **pierden detalle**. Para evitarlo, proporcionar fotos ajustadas al ancho que tienen una columna de la publicación.
- Si sólo es importante un sector de la foto, indicar en los márgenes cuál es la parte que se debe destacar.
- En el revés de la foto señalar cuál es la parte superior.
- En el caso de microfotografías electrónicas, colocar una **regla micrométrica** sobre la foto para que el factor de aumento sea visible.

Nota

Regla micrométrica: regla que se acopla a algunos instrumentos ópticos (como un microscopio) para medir dimensiones en las imágenes visibles en el ocular.

CAPÍTULO 10
Documentación de las fuentes

Estilos de documentación

Todo material que se toma de una fuente debe ser documentado, tanto si se utilizan citas textuales como si se parafrasea la idea de otra persona.

Existen **cuatro estilos básicos** de documentación, según el área de estudio:
- **Sistema de orden de mención:** definido por el Council of Biology Editors (CBE) para trabajos en ciencias físicas, de la Tierra y de la vida.
- **Sistema de nombre y año:** definido por la American Psychological Association (APA) para trabajos de ciencias del comportamiento. También está aceptado por el CBE.
- **Sistema de nombre-página:** utilizado por la Modern Language Association (MLA) para trabajos de humanidades.
- **Sistema de notas:** utilizado por la MLA.

Sistema de orden de mención

Citas

Las ideas de un autor van acompañadas de un número que conduce a la lista de referencias:

- Los números pueden ir como superíndices[1] o entre paréntesis (1), siempre antes de los signos de puntuación.
- Si se mencionan varias fuentes, se separan con comas, sin espacios: 1,2,3.
- Si se indica un rango de fuentes, los números se separan con guiones: 1,3-5.
- Las citas secundarias, es decir, de material que se leyó a través de otro autor, se indican con el número de la obra original, seguido de "citado en" y el número de la obra en que se lo leyó:

    "La descripción original [12(CITADO EN 13)] *indicaba que..."*

La ventaja de este sistema es que el lector puede encontrar rápidamente las referencias en la lista bibliográfica.

Referencias

Cada referencia en la sección de Bibliografía va numerada, siguiendo el orden en que se mencionan en el texto, y todas las líneas van sangradas.

- **Libro con dos autores**
    1. Voet D, Voet JG. *Bioquímica*. Nueva York: J Wiley; 1990. 1223 p.
- **Parte de un libro**
    2. Kuret JA, Murad F. *Hormonas adenohipofisarias y sustancias relacionadas*. En: Gilman AG, Rall TW, Nies AS, Taylor P, editores. *Las bases farmacológicas de la terapéutica*. 8° ed. Nueva York: Pergamon; 1990. p 1334-60.
- **Artículo de revista especializada**
    3. Idani G. *Dispersión de semillas por chimpancés pigmeos: informe preliminar*. Primates 1986; 27: 441-48.

Las obras no citadas directamente, pero que se quieran incluir, deben ir en una sección separada, llamada **Referencias adicionales**, que se ordena alfabéticamente por autor.

Sistema de nombre y año para CBE

Citas

Se basa en citar cada trabajo utilizando el **apellido del autor y el año** de la publicación, sin separarlos con comas, con las siguientes variaciones:
- **Cita de una página específica:** *(Rey, 1992, p 43)*
- **El autor se menciona en el texto:** *Los estudios realizados por Rey (1992) demuestran que...*
- **Diferentes obras** del mismo autor: *Rey (1992, 1998)*
- Diferentes obras del mismo autor, **en el mismo año:** *(Rey 1992a, 1992b)*
- **Dos autores:** *(Rey y Abadi 1998)*; **tres autores o más:** *(Rey et al. 1997)*
- Cita secundaria: *(Roberts 1991, citado en Rey 1992)*

Nota

Ventajas e inconvenientes

Presenta la **ventaja** de ser muy cómodo para el autor, ya que como las referencias no están numeradas, pueden añadirse o suprimirse fácilmente.

El **inconveniente** para el lector es cuando se deben citar muchos trabajos y el hilo de la lectura se interrumpe.

Referencias

Las referencias se ordenan alfabéticamente por autor. Observar en cada caso los signos de puntuación que se utilizan para separar cada elemento:

- **Libro con dos autores**
  Cabrera A., Zardini M. 1978. *Manual de la flora de los alrededores de Buenos Aires*. Ed. Acme. 755 p.
- **Parte de un libro**
  Gould SJ. 1980. Nuestro mayor paso evolutivo. En: Gould SJ. *El pulgar del panda*. Buenos Aires: Hispamérica. p 131-140.
- **Artículo de revista especializada:**
  Sapolsky R. 1985. Stress-induced suppression of testicular function in the wild baboon: role of glucocorticoids. *Endocrinology* 116:2273-8.

Importante

El listado **no** va numerado. Sólo se usa **mayúscula** en la primera letra de nombres de libros o artículos de revistas.

Sistema de nombre y año para APA

La diferencia con el mismo sistema utilizado en CBE es que nombre y año se separan con comas: (Rey, 1992), (Rey, 1992; Melley, 1994). En cuanto a las referencias, van en **orden alfabético y con sangría francesa**. Observar algunas diferencias en la puntuación:

- **Libro con un autor**

    Baxter, C. (1997). *Igualdad racial en los sistemas de salud y educativos*. Philadelphia: Balliere Tindall.

- **Parte de un libro**

    Hornes, C. & Huberman, D. (1991). Resultados de la estimulación temprana. En A. L. Martínez Souza (Comp.), *El pensamiento lógico de los niños* (pp. 58-87). Buenos Aires: Eudeba.

- **Artículo de revista especializada**

    Adkins, A., & Singh, N. N. (2001). Reading level and readability of patient education materials in mental health. Journal of Child and Family Studies, 10, 1-8.

Sistema de nombre y página

Citas

Una alternativa al sistema de nombre y año es el de nombre y página de la obra, sin separarlos con comas y sin incluir la palabra "página" ni ninguna abreviatura:

- **Si el autor se menciona en el texto:** *Magny desarrolla el siguiente argumento (67-69).*
- **El autor va en la referencia:** *Este argumento ya fue desarrollado anteriormente (Magny 67-69).*
- **Dos menciones:** *Dabundo trata el siguiente problemas (22, 31).*
- **Dos obras citadas:** *(Magny 69, Dabundo 142).*
- **Material encontrado en una fuente secundaria:** *Las palabras de Alain parecen disociar admiración de placer (in Magny 66).*
- En una obra que tiene **varios volúmenes:** *Como pintor, Andrei tenía un estilo "inconfundible" (Freedberg 1: 98).*

Este sistema es muy utilizado en trabajos de humanidades, según la Modern Language Association (MLA).

Referencias

La lista de referencias se ordena **alfabéticamente** y se escribe con **sangría francesa**:

- **Un libro de dos autores**
Reale, Analía y Alejandra Vitale. La argumentación. Buenos Aires: De. Ars, 1995.
- **Más de tres autores**
Edens, Walter, et al., eds. Cómo leer a Shakespeare. Princeton: Princeton UP, 1977.
- **Capítulo de un libro**
Libertella, Héctor. "El arte de reconstruir ruinas." Las sagradas escrituras. Ed. Sudamericana, 1993. 92-98.
- **Artículo de revista especializad**
Dabundo, Laura. "The Voice of the Mute: Wordsworth and the Ideology of Romatic Silences" Christiantity and Literature 43:1 (1995): 21-35.

Sistema de notas

En algunas ramas de investigación se suele trabajar incluyendo las referencias como notas, ya sea al pie de cada página en la que aparecen, o al final del trabajo.

En cualquiera de los casos, se siguen las siguientes pautas:

- En el texto, **se numeran las referencias en forma consecutiva**, como superíndice, después de los signos de puntuación.
- Se ordenan **en cada página o al final del texto** según el orden de aparición.
- Los autores se mencionan por **nombre y apellido** (orden inverso que en la bibliografía).
- Las **notas al final** van en la **última página**, bajo el título **Notas**, introducidas por el superíndice y la referencia, con sangría en primera línea.

Ejemplos

- **Libro de un autor**

  [1] E. Gombrich, Historia del arte (Barcelona, Ed. Garriga, 1994) 25

- **Una obra de una serie**

  [2] Donald H. Reiman, Shelley´s The Triumph of Life: A critial Study, Illinois Studies in Lang. and Lit. 55 (Urbana: U of Illinois P. 165) 34

- **Un artículo de una revista especializada**

  [3] María A. Bertoni, "Nuevos códigos del lenguaje adolescente" Revista Educativa 43 (1996): 124

- **Un artículo de un volumen de *abstracts***

  [4] John W. C. Johnstone, "Who Controls the News," American Journal of Sociology 87 (1982): 1174-81, resumen de America: History and Life 20.A (1983): 2121

Sitios de referencia

Más información sobre los estilos de documentación en Internet:
- **APA**: www.wisc.edu/wrinting/Handbook/DocAPA.html
- **CBE**: www.wisc.edu/wrinting/Handbook/DocCBE6.html
- **MLA**: www.wisc.edu/wrinting/Handbook/DocMLA.html

Estos sitios pertenecen a la Universidad de Wisconsin, de modo que están en inglés, pero brindan buena información sobre cada estilo de documentación, con gran cantidad de ejemplos para citar distintos tipos de materiales, tanto en papel como electrónicos.

CAPÍTULO 11
Revisión y Presentación

Corrección

Una vez terminado el proceso de redacción, es recomendable "dejar descansar" el trabajo un día y luego pasar a la etapa de revisión. En una **primera revisión** se considera la organización general de la monografía o del artículo científico:

- Revisar que la **introducción** siga un desarrollo lógico.
- Evaluar si las **secciones** que componen el cuerpo cubren todos los aspectos que se querían tratar.
- Verificar que las **conclusiones** estén directamente relacionadas con la tesis planteada, y que se encuentren bien **fundamentadas**.
- Controlar que las mismas ideas no estén **repetidas** en distintas secciones. Quizás sea necesario reorganizar algunos fragmentos del texto o eliminar conceptos que sean irrelevantes.

Importante

Es importante asegurarse de que el tema planteado no se fue ramificando, sino que mantuvo la línea inicial.

Segunda corrección

> *Importante*
>
> La segunda etapa de la revisión se centra en la estructura de los párrafos y las oraciones.

- Cada sección debe estar organizada en una serie de párrafos de **longitud similar**.
- En **cada párrafo se desarrolla una idea**, o un aspecto de una idea, y todos ellos deben estar relacionados por medio de **conectores** que den coherencia a las ideas planteadas.
- **Alternar la longitud** de las oraciones, y evitar oraciones de más de **tres renglones**. Es preferible seguir el orden "sujeto-verbo-predicado", para dar mayor claridad.
- Controlar la **puntuación** y la **ortografía**.

> *Importante*
>
> **Conectores**: palabras o frases que enlazan oraciones o partes de oraciones y expresan relaciones de causa (porque), oposición (pero, sin embargo), concesión (aunque, si bien), condición (si), disyunción (o, u), coordinación (y, o), orden (en primer lugar, para empezar).

Presentación general

Un aspecto importante de la elaboración de una monografía o de un artículo de investigación es la forma en que serán presentados. Cada estilo de documentación establece las pautas básicas de presentación, entre las que se incluyen:

- **Tamaño** de papel: carta o A4.
- **Márgenes**: 2,54 de todos lados
- **Alineación**: izquierda
- **Sangría** de primera línea de **cinco** espacios
- **Espaciado**: doble, incluso entre títulos y texto.
- **Tipografía**: Times New Roman 12

Estructura

En cuanto a la forma de presentar el trabajo, se deben tener en cuenta las siguientes pauta:

- **Portada**: título del trabajo, autor, fecha, institución, todo centrado y en líneas separadas. Los trabajos de **humanidades** no requieren portada.
- **Foliado**: la portada no se numera; el resto, se numera en el **ángulo superior derecho**, o abajo al centro.
- **Encabezado**: puede ir un encabezado en todas las páginas con el **nombre del alumno junto al número de página** (para los trabajos de humanidades), o **con el título del trabajo junto al**

número (para los trabajos de ciencias del comportamiento).
- **Todas las secciones se escriben una a continuación de la otra,** bajo los subtítulos correspondientes, menos el **Resumen** y de lista de **Referencias**, que van en hojas separadas.

Las pautas presentadas con respecto a la redacción de monografías y artículos de investigación **no son caprichosas**. Si bien son convenciones, y éstas se pueden modificar con el tiempo, **son el resultado de muchos años de trabajo en las asociaciones profesionales** con el único fin de que las comunicaciones científicas estén regidas por parámetros universales.